MACÉDOINE

POLITIQUE ET HISTORIQUE.

CET OUVRAGE SE TROUVE AUSSI AU DÉPÔT
DE MA LIBRAIRIE,

Palais-Royal, galeries de bois, n°s 265 et 266.

Macédoine

POLITIQUE ET HISTORIQUE.

PAR M. ED. B*****.

PARIS,

J. G. DENTU, IMPRIMEUR-LIBRAIRE,
rue des Petits-Augustins, n° 5 (ancien hôtel de Persan).

1818.

MACÉDOINE

POLITIQUE ET HISTORIQUE.

~~~~~~~~~~~~~~~~~~~~~~~~~~~~~~~~~~~~~

POPULATION.

La paix a fait refluer en France à peu près
trois cent mille prisonniers de guerre, dont
au moins cent mille étaient constamment ab-
sens depuis vingt-cinq ans. Le sang a cessé
de couler; les fils, les pères, les frères ont re-
joint leurs familles. Les armées licenciées
se sont répandues dans les villes et dans
les campagnes. Depuis environ dix-huit
ans la petite-vérole a cessé ses ravages ;
l'introduction de la vaccine, bienfait inestimable pour l'humanité, nous procure une
nouvelle génération belle, saine, et sur-tout
plus nombreuse d'un bon tiers, que si le
fléau eût encore existé.

Ensuite, la suppression des couvens,
depuis trente ans, n'a-t-elle pas procuré

I

à l'Etat un assez bon nombre de mariages,
d'où il a dû résulter une augmentation de
population qui peut se prouver avec des
chiffres?

Mais aussi nous avons eu le règne de la terreur, les guillotines, les noyades, les proscrip-
tions, la guerre de la révolution, et Buonaparte! Buonaparte, qui à lui seul dévorait
plus d'hommes que les couvens n'en empê-
chaient de naître, et la petite-vérole n'en
faisait mourir. Ces fléaux balançaient l'augmentation qui eût dû exister dans la population.

Mais depuis quatre ans, plus de guerres,
plus de Buonaparte. Les enfans de douze et
quatorze ans d'alors, en ont maintenant seize
et dix-huit; et dans deux, trois, quatre,
cinq ans!..... Je laisse au calculateur le soin
d'apprécier la population de la France.

Une population surabondante est-elle un
mal, est-elle un bien en politique? Espérons
que l'expérience nous prouvera qu'elle est
un bien; d'ailleurs il n'y a jamais trop d'hon-
nêtes gens; ainsi voyons avec plaisir les
Français croître en nombre. Mais on me

dira : Du pain! Je répondrai : Ils ont des bras. Le sol français est une mine inépuisable; qu'ils exercent leur industrie, qu'ils cultivent la terre; et puis de nouvelles colonies, des émigrations!..... Ah! dix ans de paix! sur-tout de paix intérieure! Si les *ultrà* de toutes les couleurs pouvaient devenir modérés! Serait-ce espérer l'impossible?

INVASION.

L'on étonnerait sans doute les Français si on leur disait : Ne vous plaignez pas tant de ce que votre territoire a été envahi deux fois par les armées étrangères. Ces peuples, accoutumés à des usages différens en tout des vôtres, transplantés tout à coup dans votre beau pays, n'ont pu résister à la séduction de jouir et de profiter de vos productions naturelles et industrielles.

Revenus chez eux, ces étrangers y ont porté vos goûts, vos usages, vos modes. Un besoin devenu impérieux leur a fait verser en France leur or, pour se procurer vos

jouissances. Ils vous payent donc le tribut
le plus beau, le plus flatteur pour un vrai
patriote français. Ajoutez que votre Gouvernement étant le seul en Europe qui n'ait
point en circulation de papier-monnaie, il
a acquis la confiance générale. De tous les
points de l'Europe on place donc sur les
fonds publics de France. On vous apporte
les guinées, les sequins, les florins, les por-
tugaises, les quadruples, les roubles, etc.
A la vérité vous n'en êtes pas effective-
ment plus riches, soit. Mais le crédit n'est-
il rien ? Rendez grâce à cette partie de
l'administration qui a su calculer avec sagesse, que la première source du crédit et de
la fortune nationale, est l'exactitude la plus
rigoureuse à satisfaire à ses engagemens.

Vous ne pouvez certes vous louer d'a-
voir été envahis par les armées étrangères;
mais vous pouvez au moins dire : A quelque chose malheur est bon.

PARIS.

Paris contient environ un tiers de sa population que l'on peut appeler *population cosmopolite* de la capitale. Ce tiers n'est point né à Paris. C'est un composé d'étrangers, de provinciaux, parmi lesquels on compte beaucoup de gascons. Les spéculations qui ont réussi à la plupart, et la vie attrayante qu'on mène dans cette ville, les y ont retenus. Ils sont donc maintenant habitans de Paris, parisiens, bourgeois de la bonne ville de Paris. Ce tiers de la population juge des ouvrages d'esprit, des pièces de théâtre en dernier ressort, crie vive le Roi! et au besoin vive la Ligue! possède beaucoup de richesses, fait la pluie et le beau temps, fait des fortunes rapides, fait des banqueroutes subites, ne voit, n'estime que Paris dans la France, hausse les épaules au mot de provinces, et joue un jeu!.... Vous me demanderez quel jeu? Je vous répondrai que je sais très-bien que vous et moi nous mettons à la poule; mais je vous as-

sure que je ne connais pas le dessous des
cartes,

ÉDITIONS COMPACTES.

Nos auteurs classiques viennent d'être
réimprimés en beaucoup moins de volumes
que les anciennes éditions ; et pour avoir la
même quantité de mots dans un moindre
espace, il a fallu tellement rapprocher et
les lignes et les mots, qu'on appelle avec
raison ces éditions nouvelles, *éditions com-
pactes*. Nous avons maintenant Voltaire en
douze volumes, Montesquieu en deux ; on
a mis La Harpe en quatre, etc. Les libraires
prétendent qu'ils vendront davantage de
ces ouvrages, parce qu'ils peuvent les donner à beaucoup meilleur marché, et que les
acheteurs ne voulant pas payer cher, il faut
les satisfaire ; de sorte que tout le monde
s'en trouvera bien, excepté pourtant les
yeux des lecteurs. En effet, on achète à un
trop haut prix le plaisir de la lecture, quand
il faut fatiguer ses yeux à déchiffrer pénible-

ment trois ou quatre mortelles pages com-
pactes. Et tel qui n'a pas la vue forte, sera
tout étonné de pleurer en lisant la fable *du
corbeau*, ou *le Médecin malgré de lui*.

AGRICULTURE.

Avant la révolution, peu de propriétaires
en France faisaient eux-mêmes valoir leurs
terres. Abandonnées à leurs fermiers, qui
suivaient toujours invariablement la même
routine depuis plusieurs siècles, ces terres
produisaient peu; et nous voyons même à
présent que pourvu que le fermier se nour-
risse bien ou mal, lui et sa famille, qu'il
paie son maître de la même manière, il est
content. L'amélioration des terres est la
dernière chose à laquelle un fermier pen-
sera. Les fermes sont ordinairement de six,
sept et neuf ans. Le locataire qui prévoit
toujours qu'on peut le renvoyer *à fin de bail*,
ne craint pas, les deux ou trois premières
années, de donner beaucoup à la terre. Les
années suivantes il jouit de ses améliora-

tions, et les deux dernières années il épuise entièrement ce sol, qu'il sera peut-être forcé de quitter à l'échéance de sa ferme.

Depuis une quinzaine d'années, nos malheurs politiques ayant donné aux propriétaires une philosophie chagrine et inquiète, ils se sont dégoûtés de la société des hommes, ils ont fui les villes, et les campagnes, vivifiées par leur présence, y ont beaucoup gagné. Ils n'avaient essayé de la vie champêtre que par une sorte de dépit, et cette vie qui rapproche l'homme de sa première destination, a fini par leur faire trouver mille charmes dans cet isolement, cet abandon, cette indépendance qu'on ne trouve qu'aux champs. Le propriétaire ayant plus de moyens, obtient beaucoup plus de revenus que le fermier. Il fait des expériences, consulte nos maîtres en agriculture, et fait d'autant plus de revenus qu'il améliore plus sa terre. Un autre bienfait inestimable de la présence du propriétaire aux campagnes, et qui se rattache aux idées patriotiques, c'est qu'il renouvelle ses vergers, plante tous les ans une multitude d'arbres forestiers, et, vivant ainsi dans l'avenir, ce respectable père de famille remplit le vœu du Souverain, et prépare aux générations futures des avantages qui font sourire d'avance le philosophe ami de sa patrie.

LA MINERVE.

Ce n'est plus le titre modeste de *Mercure*, ce n'est plus La Harpe, Marmontel et compagnie, ce sont Messieurs de la Minerve, dont les noms viennent décorer tous les huit jours, ou à peu près, la couverture bleue de ces livraisons hebdomadaires.

Messieurs de la Minerve, Montesquieu, Voltaire, Raynal, Jean-Jacques, etc., nous ont tous appris les principes libéraux et philantropiques que vous nous rajeunissez dans votre ouvrage. Ils sont admirables, nous les goûtons, et sommes entièrement de votre avis. Mais je remarque à regret que vous employez le plus souvent votre éloquence mal à propos.

La préface de votre première livraison

prouve beaucoup mieux que vos argumens, que vous n'avez pas tant à vous plaindre des saisies, des entraves de la presse, etc., etc. La liberté dont vous jouissez, et dont tous les citoyens français jouissent sous un Gouvernement protecteur, est prouvée, pour ainsi dire, à chaque page de votre ouvrage.

Toutes les fois que l'autorité agit d'après une loi, toute idée de vexation cesse. Il existe une censure des journaux; votre dernier n° du *Mercure* a été saisi; il paraît qu'il y avait lieu. Vous vous plaignez à tort, messieurs; vous n'en parvenez pas moins à votre but d'écrire librement vos pensées. La forme de quatre volumes, divisés en cinquante-deux livraisons, fait renaître très-facilement le *Mercure* sous le nom de *Minerve*. Vous voyez qu'en changeant les mots, toutes les difficultés s'aplanissent devant vous.

Nous ne pouvons qu'admirer un style sorti de plumes aussi exercées que les vôtres. Permettez-nous cependant de remarquer que vos attaques continuelles, directes et indirectes, contre l'ancienne noblesse, ne sont pas toujours justes ; qu'elles manquent, la plupart du temps, de générosité, et surtout qu'elles sont parfaitement inutiles. L'opinion, sur cet objet, est assez formée. Tout en plaignant vivement les principales victimes de la révolution, nous ne pouvons douter que le ridicule entourerait assez vite ceux des nobles qui voudraient faire renaître quelques anciens préjugés, sans qu'il soit besoin de vous, messieurs, pour les empêcher d'ère dangereux.

LA PLUME.

Sa puissance tire sa source d'une surabondance de population *lettrée*. Dans la révolution, il a fallu faire la part de chacun. La plume a envahi le Gouvernement. Le despote l'avait enchaînée en lui livrant sa part des revenus immenses provenant des conquêtes. Il avait à entretenir d'innombrables armées, sans cesse détruites, et sans cesse renaissantes, et à rassasier une armée considérable de *plumitifs*.

Cette armée permanente et dévoratrice ; cette armée, dont tous les soldats, frais, dispos,

S'engraissant d'une longue et douce oisiveté,

se recrutent tous les jours dans une progression effrayante ; cette armée enfin menace d'accabler sous son énorme poids la patrie oppressée, défaillante et épuisée.

Le système de centralisation est la base du gouvernement de la plume. Elle a envahi tous les ministères, sur-tout la marine et l'intérieur.

Mercier avait raison. Le commis scribe de Vaucanson donnerait une facilité étonnante pour établir le budget. Je transcris ici le chapitre de cet auteur à ce sujet.

« Si Vaucanson, au lieu d'un flûteur automate, avait entrepris de faire un commis scribe, comme il aurait rendu service à ces régies de toutes espèces et de toutes couleurs, qui dressent de toutes parts des bureaux ! Bon Dieu ! quelle foule innombrable de commis ! Il y en a tout autant que de laquais ; les uns tiennent la plume, comme les autres tiennent la serviette. Pour le moindre papier qu'on retire ou qu'on envoie, on vous offre un petit morceau de papier griffonné. Quinze hommes à la file le signent et le contresignent. Vous ne faites point partir un cabriolet disloqué sans un commis scribe, qui vous présente un passe-port signé et contresigné. Toute l'impatience du public, à qui le temps est cher, échoue contre la stupidité immobile d'un commis. Par-tout cette engeance maudite accompagne cette foule de compagnies abusives, qui ont tout acheté en France, jusqu'au droit de vous voiturer. On est humilié d'avoir perpétuellement affaire à de telles gens ; car on est dans le cas de les redresser souvent, quand on voit leur nonchalance, leur inexactitude, et leur bêtise pleine de suffisance.

« Ces automates-là coûtent huit cent francs pièce par an (1). Ils sont aux fermes, aux postes, aux douanes, aux messageries, etc. C'est une autre valetaille que celle des anti-

_____

(1) Les temps sont bien changés !

chambres, qui vous moleste, vous impatiente, et dont la besogne inutile n'est qu'une charge pour l'Etat. Oh! si Vaucanson avait fait tout de suite un commis-scribe, ce commis serait du moins exact envers le public, aux heures indiquées, poli, muet, et n'expédierait pas si lentement ce qu'on peut faire d'un trait de plume; il ne volerait pas les ouvrages périodiques des auteurs, pour en gratifier ses voisines; il ne soulèverait pas les cachets, etc.; mais il pourrait être frisé, avoir des manchettes, une épée et un nœud à la couleur de sa *dame*, et ces mannequins, au poignet mécanique et agissant, garniraient tout aussi bien les bureaux de la finance, de la maltôte et des postes, que ceux qui les remplacent.

« On avait hésité à recevoir Vaucanson de l'Académie des sciences, parce qu'il ne possédait pas la géométrie. *Eh bien! messieurs, dit-il, je vous ferai un géomètre.* Il lui aurait été plus aisé encore de faire un *commis-scribe*. Or, il y en aurait aujourd'hui une manufacture, et les fermiers - généraux les achèteraient par douzaines. Calculez combien coûte l'écrivaillerie journalière des bureaux semés par toute la ville, et vous verrez qu'il serait à propos de proposer bientôt un prix pour l'automate de nouvelle invention (commis-scribe), ayant son papier bien devant soi, réglant ses registres, trempant la plume dans l'encrier, écrivant, et calculant même un peu. Il n'en aurait pas moins l'air, s'il était bien sculpté, d'enfanter une pensée cicéronienne, tout en traçant, devant une femme de chambre, l'expédition de son paquet. »

. . . .

La plume s'est emparée de tout, et en dispose despotiquement.

Mais quel remède ?

Simplifier l'administration, et en revenir sur beaucoup de points (malgré toutes les belles déclamations à ce sujet) à quelques anciennes formes dont il serait extrêmement facile d'éviter les inconvéniens ; par cela même, parvenir à diminuer de la manière la plus consolante, ce grand nombre d'employés, dont la partie réformée pourrait fort bien exister à l'abri d'une retraite suffisante (1); mais dont les mains ne manieraient plus les deniers ; mais qui n'auraient plus le détail d'un matériel qui, passé par tant de mains, devient le sujet et le prétexte d'un *tour de bâton* incalculable, lequel *tour de bâton*, réuni à cette quantité énorme d'appointemens, de frais de bureaux, etc., etc., mine insensiblement, et d'une manière certaine, la fortune de l'État.

POMMES DE TERRE.

La pomme de terre est un des sauveurs de la France. Les élémens conjurés semblaient être d'accord avec la politique pour nous désoler. Les récoltes de 1816 et 1817 étaient insuffisantes pour nourrir la population de la France. Une administration paternelle prévoyait nos maux ; des opérations commerciales faisaient entrer à perte le plus

---

(1) Il y aurait encore une économie considérable à leur donner pour retraite la totalité de leurs appointemens ; au moins ils ne seraient plus là.

de blé possible en France ; faible ressource ; nous périssions de faim, lorsque ce tubercule, dû à l'immortel Parmentier, vient nous offrir une nourriture saine et abondante. Un gouvernement sage encourage la culture de la pomme de terre, et la pomme de terre comble le déficit du blé.

Mes chers philosophes patriotes ! plantons des pommes de terre, réduisons-les en farine, sachons en extraire l'eau-de-vie, et, certes, nous aurons beaucoup mieux mérité de la patrie, que tous ces déclamateurs chagrins, réclamant continuellement nos libertés, lorsqu'évidemment jamais nous n'avons été plus libres, et qui vont finir par nous convaincre que Minerve n'est plus la déesse de la sagesse.

L'INDE.

Hyder-Aly, prince guerrier, commandant à un peuple belliqueux, avait formé dans l'Inde une puissance qui, par sa position, l'esprit qui l'animait, et sur-tout son dévoûment à la France, faisait trembler les Anglais dans cette partie du monde.

Son fils, Typoo-Saëb, qui lui succéda, sans avoir ses talens militaires, avait hérité de lui de sa haine contre les Anglais, et de son amitié pour nous.

Nous étions sous le gouvernement républicain, et l'on ordonna des relations avec ce précieux allié.

Le ministère de la marine, travaillant alors, comme depuis, toujours à contre-sens, au lieu de diriger vers l'Inde les secours formidables, ou au moins suffisans, que nous étions à même d'envoyer à ce prince, qui sollicitait ces secours contre nos ennemis et les siens; le ministère, dis-je, donna des ordres au gouverneur de l'Ile-de-France, Malartic, d'envoyer à Typoo les hommes que cette colonie était susceptible de fournir pour cet objet.

Le général Malartic expédia à peu près douze cents hommes, dont quelques-uns se disaient ingénieurs, artilleurs, etc...

Ce secours, pour ainsi dire dérisoire, joignit l'armée de Typoo, qui abandonna son

sort et celui de son Empire, aux conseils
de ces nouveaux venus, la plupart aventu-
riers, et incapables de diriger des opérations militaires, sur-tout contre un ennemi
aussi redoutable que les Anglais.

Après plusieurs échecs contre ses ennemis, l'armée de Typoo se réfugia dans sa
ville capitale, Seringapatnam, qui fut prise
et saccagée; l'armée dispersée et détruite; le
sultan tué et trouvé sous les ruines de ses
remparts; enfin l'empire de Maissour fut
anéanti; et l'espoir des Français de balancer
la puissance des Anglais dans cette belle
partie du monde, fut perdu entièrement.

L'Angleterre triomphante, étendit encore
sa puissance dans ces contrées. Les richesses
de l'Inde devinrent, pour ainsi dire, sa pro-
priété, sans que nous ayions même tenté
de la troubler dans sa paisible possession.

La faible division envoyée sous les ordres
de M. de Sercey, fut prise et détruite en détail par des ennemis supérieurs en force. La
France abandonnait l'Inde et semblait oublier les succès de Suffren dans ces mers
éloignées.

Le traité d'Amiens eut lieu quelque temps
après; et lors du renouvellement de la guerre,
nos opérations dans les mers des Indes fu-
rent encore, s'il est possible, plus absurdes
et plus ridicules qu'auparavant; et le ministère de Decrès vint porter le dernier coup
aux prétentions que nous devions avoir, si-
non de partager également, au moins d'a-
voir quelque part aux avantages non encore
assez appréciés du commerce de l'Inde.

LES BOURBONS.

La France était envahie par des ennemis
qui avaient à venger sur elle tous les maux
dont nous les avions accablés. Sur le point
de passer sous le joug étranger, nous nous
préparions déjà à porter des fers. Nous nous
représentions notre patrie la proie de l'ennemi, partagée, morcelée entre les vainqueurs. Nous courbions la tête dans un
morne désespoir, et nous pleurions déjà sur
le sort à venir de nos enfans.

Tout à coup un cri de *vive le Roi!* se fait

entendre. L'étranger nous a compris, et conçoit de suite que les Bourbons sont les seuls souverains qui leur offrent une garantie suffisante. La France nous est laissée intacte; une paix honorable nous est offerte; une famille victime de nos fureurs, exilée par nous, oubliée pour ainsi dire de nous; une auguste famille toute française, nous rapporte la paix et le bonheur.

Le fils d'Henri IV revient au milieu de ses enfans long-temps égarés; verse des larmes de joie en touchant le sol de la patrie, et oublie tous ses malheurs, que depuis long-temps il nous a pardonnés.

De nouvelles calamités ramènent au sein de la France l'étranger irrité et vainqueur. C'en est fait, nous n'avons plus de patrie; nous n'osons l'espérer, nous en sommes indignes. Une seconde fois Louis XVIII vient servir de médiateur entre nous et l'Europe conjurée; une seconde fois le fils de saint Louis sauve la France. Les factions, les haines intérieures sont calmées par lui; il fait renaître l'ordre, et même la confiance. Après cette secousse violente et terrible, tous les

Français reposent au sein de l'espérance ;
leur Roi seul veille pour eux. O magnanime
Bourbon! reçois l'hommage d'un cœur re-
connaissant! Puisse-t-il être l'organe de tous
les Français!

COMMERCE.

Les connaissances dans la navigation sont
venues à un tel point, que le transport des den-
rées ou produits des manufactures, se fait avec
la plus grande facilité d'un bout du monde
à l'autre. Il en résulte que l'importation dans
tous les pays, excède, pour ainsi dire, la
consommation; d'où il suit que les prix sont
presque égaux. Les bénéfices du commerce
maritime sont donc très-bornés. D'un autre
côté, les frais d'armement sont plus consi-
dérables que jamais; ajoutez-y l'esprit d'é-
conomie provenant nécessairement des malheurs qui ont affligé et ruiné presque tous
les peuples depuis trente ans; laquelle économie les a fait se restreindre au stricte né-
cessaire; ce qui diminue d'une manière trop

sensible la consommation de tous les produits de nos anciennes branches commerciales; vous aurez, je pense, l'explication de
cette réflexion que l'on fait à chaque instant:
Nous avons la paix, mais où est le commerce?

Et Saint-Domingue? et l'Ile-de-France?
colonies précieuses et intéressantes! L'une
de vous a été irrévocablement perdue par le
résultat des principes de nos philantropes
révolutionnaires, et l'autre, par le délire in-
compréhensible d'un ministre (Decrès) du
despote usurpateur.

La seule colonie de Saint-Domingue offrait au commerce français des ressources
incalculables; une population considérable,
industrieuse, riche, et qui augmentait sans
cesse, offrait à la France un débouché certain, et lui rendait au centuple, par ses précieuses productions, les sacrifices qu'elle
faisait pour elle.

La pêche de Terre-Neuve nous reste. Le
Gouvernement a judicieusement senti qu'il
devait l'encourager par des primes. Qu'il
continue; qu'il augmente même ses sacri-

fices pour un commerce qui occupe tant de bras, qui nous forme tant de marins, et dont les résultats, nous l'avouons, ne répondent pas encore aux espérances.

Les années désastreuses que nous venons d'éprouver ont ruiné tant de familles, que ceux qui pouvaient consommer de la morue sans se gêner, se trouvent maintenant fort heureux de se nourrir avec du pain. Espérons que les saisons plus favorables, rapporteront l'aisance parmi les consommateurs.

Au reste, la stagnation du commerce existe dans le monde entier; et les Anglais, qui ont de si belles et si nombreuses ressources, se plaignent sans cesse que la balance de leur commerce leur est défavorable, et que ce n'est qu'à force de primes données par leur gouvernement, qu'il se soutient. Ils ont un désavantage immense dans le commerce maritime. Le prix de l'armement d'un vaisseau marchand anglais, est le triple d'un vaisseau français pareil. Les journées d'ouvriers, appointemens de marins, matières premières, et sur-tout les vivres, absorbent d'avance le bénéfice que l'on se promet d'une expédition. Ainsi les fortes primes données par le Gouvernement anglais, sont le principal, et souvent le seul bénéfice des armateurs.

Ne nous plaignons donc pas; espérons du temps et des ressources immenses du sol français, de la richesse de nos productions, et de la perfection de nos manufactures; et désirons sur-tout une longue paix, qui doit nécessairement mettre la France au rang des principales puissances commerçantes.

Mais nous y mettons aussi la condition que le Gouvernement, éclairé enfin sur ses véritables intérêts, s'occupera sérieusement de former une marine militaire, *que nous n'avons pas*, et qui est cependant la protectrice indispensable du commerce maritime.

———

LA CHARTE.

Véritable arche d'alliance pour les Français; chef-d'œuvre qui porte avec lui tous les élémens pour calmer les passions, faire oublier les haines ; gage assuré de l'égalité possible dans un Etat policé ; contrat solennel entre le Souverain et la Nation, qui assure la vraie liberté sous la sauve-garde des lois.

Nous n'avons pas assez réfléchi à l'obligation que nous devons avoir à celui qui nous l'a donnée.

Quelques-uns ont osé manifester du mécontentement de ce qu'elle nous a été *octroyée*. Ils n'ont pas fait attention que par-là son auteur devait nous en être plus cher.

D'ailleurs, quelle était notre position pour dicter une constitution ?.... Eussions-nous jamais atteint la perfection de celle-ci, avec les passions qui nous animent, le levain qui existe encore parmi nous ?

Il doit être doux à un cœur français d'avoir une obligation de plus à un Bourbon.

ARMÉE.

Deux partis opposés veulent toujours voir en France deux armées.

L'un ose donner le nom de brigands aux

Larochejaquelein, aux Lescure, aux Bauchamp, et à tous ces illustres Vendéens qui, fidèles à Dieu, aux Bourbons et à l'honneur, ont, par le sacrifice de leur vie, fait reculer tant de fois devant eux le colosse révolutionnaire, et maintenu pendant si long-temps l'étendard des lis au milieu des ruines de leur fidèle contrée.

L'autre, moins nombreux à la vérité, refuse de mettre au rang des amis de la patrie, les braves soldats vainqueurs à Jemmapes, à Austerlitz, à Wagram, à Erfurt, etc., et oublie que nos princes eux-mêmes, en apprenant dans leur exil ces illustres faits d'armes, se glorifiaient d'être nés Français.

Espérons que ces deux partis, instruits l'un et l'autre à l'école du malheur, ne formeront plus à l'avenir qu'une seule armée française et royale, prête à périr, s'il le faut, pour son Roi, c'est-à-dire pour la Patrie; car Roi et Patrie doivent être si bien confondus dans nos cœurs, qu'il ne doit plus être possible de les séparer.

LE PASSÉ ET LE PRÉSENT.

Une personne me disait il y a quelques jours : Il est vraiment inconcevable que, sous un gouvernement qui se dit libéral, sous un Roi qui nous a donné la Charte, et qui nous a promis tant de choses, il se commette un si grand nombre d'abus de pouvoir, de vexations particulières, d'injustices enfin. Je ne crois pas que, sous aucun des gouvernemens qui viennent de s'écouler, à part le règne de la terreur, nous ayons vu une aussi grande quantité de mécontens, et, il faut l'avouer, qui aient eu plus de raisons de l'être.

— Vous trouverez sans doute extraordinaire, répondis-je à cette personne, que je tire précisément de ce que vous connaissez tous ces abus, la preuve sans réplique que celui-ci est le meilleur Gouvernement que nous ayons eu depuis trente ans.

— Je vous écoute. — Avez-vous eu par vous-même connaissance de toutes les injustices dont vous parlez ? — Non, j'avoue

ceci ; et certes, il y aurait fort peu de choses
à dire contre tout ce dont j'ai été à la lettre le
témoin depuis environ trois ans. — Où avez-
vous donc vu tous ces griefs? — Lisez tous nos
ouvrages périodiques ; lisez nos pamphlets
politiques ; vous les verrez presque tous
remplis d'accusations les plus fortes contre
les actes de ce Gouvernement que vous pré-
tendez défendre. — Je commence par vous
accorder que ces ouvrages sont exempts de
prévention, n'ont aucune opinion extrême,
et sont écrits dans la seule vue d'éclairer le
Gouvernement en disant l'exacte vérité. Voulez-vous bien, monsieur, remarquer que le
Roi, malgré ses lumières, son expérience
et ses intentions droites, ne peut voir tout
par lui-même, et est forcé de s'en rapporter
aux comptes qu'on lui rend sur les évènemens, sur les hommes qu'il a employés,
sur la manière dont les lois et ses ordon-
nances ont été exécutées ; que les délégués
du Gouvernement sont des hommes, et par
conséquent animés de passions ; soyez donc
étonné, non qu'il y ait des abus, mais qu'il
n'y en ait pas davantage. Et la connaissance

que vous avez de ces abus, est précisément ce qui prouve la perfection du méca-
nisme de notre Gouvernement. Tout se
fait à découvert et publiquement en France.
Les lois sont discutées à la face de la nation par ses députés; les jugemens des tri-
bunaux, non seulement se rendent de manière à leur donner la plus grande publi-
cité, mais encore sont épluchés, commentés,
critiqués au tribunal suprême de l'opinion
publique. La belle institution du juri, qui
nous est conservée, assure à tout citoyen
français d'être jugé par ses pairs. L'arresta-
tion illégale du particulier le plus obscur
sera connue à l'instant de la France entière.
Les exactions des employés subalternes;
une mesure de rigueur prise injustement
par un préfet, un procureur-général, un
lieutenant de Roi, seront de suite dénoncées
à la nation, et justice sera faite. Un Roi sage
a su disposer tous les ressorts du beau Gouvernement qu'il a organisé en France, de
manière à être dirigé, pour ainsi dire, par
la reine du monde, l'opinion publique.

Osez maintenant dire quelque chose en

faveur du gouvernement du directoire, ou de celui de Buonaparte, qui nous a accablés pendant quinze ans du poids insupportable des chaînes que son despotisme nous avait imposées. A la vérité, les écrivains libéraux n'écrivaient pas dans ce temps-là. On ne s'avisait même pas de se plaindre de ne pouvoir parler.

Ne croyez pas que j'en veuille aux écrivains indépendans ; je trouve qu'ils rendent de grands services au Gouvernement : d'abord en l'éclairant sur les fautes ou les injustices qui se commettent en son nom ; et en servant à prouver par le fait, la force de ce Gouvernement, qui méprise les attaques dirigées contre lui, et qui ne punit que là où la loi a tracé la punition. Je ne chercherai pas à vous faire observer la différence des gouvernemens où la voix de l'opprimé était étouffée, et de celui sous lequel nous vivons maintenant, dont les torts sont proclamés librement aussitôt qu'ils sont connus. Enfin, monsieur, rappelez le passé à votre mémoire ; voyez le présent ; et jugez-le. J'espère que vous direz avec tous les bons

Français : Honneur aux princes légitimes !
Honneur à l'auteur de la Charte !

MONOPOLE DU TABAC.

Monopole ! Quel mot ! dira-t-on. Le tyran
seul a pu s'approprier une branche de commerce qui appartenait de droit aux citoyens
français. Cependant voici ce qu'on pourrait
répondre : Le mal est fait, le pli est pris ;
à tout prendre, puisqu'il faut payer des
impôts, celui-là est le plus équitable qui
existe. Ne voulez-vous pas payer cet impôt ?
ne fourrez pas dans votre nez cette poudre
puante, comme dit Voltaire ; ne humez pas
cette fumée qui certes vous prend à la gorge.

Qui est-ce qui souffre vraiment du monopole du tabac ? C'est une demi-douzaine
de manufacturiers par département, qui faisaient la loi aux cultivateurs, les payaient
à longs termes, et ne prenaient que le beau
et le bon, laissant le reste au cultivateur,
qui perdait ainsi le fruit de ses peines ; in-
convénient grave, parce qu'il tend à décou-

rager la culture, et qui n'existe point avec
la régie, qui prend toujours le tabac tel quel,
et le paye comptant.

Mais le privilége de culture pour certains départemens, certains arrondissemens
même, le *privilége*, qu'en dites-vous? Ce
mot de privilége ne vous blesse-t-il pas? On
pourrait répondre que si, comme le de-
mandent messieurs les manufacturiers de
Strasbourg, la culture devenait libre en
France, le tabac tomberait tellement à vil
prix, qu'il n'y aurait plus que perte à en
cultiver. Que résulterait-il de ces fluctua-
tions? Qu'il faudrait sans doute reporter nos
millions à l'étranger pour avoir du tabac.

Au reste, ce privilége, ceux qui l'ont l'ont
certainement bien acheté. Ils savent maintenant cultiver, faire mûrir, donner des qua-
lités au tabac indigène. Mais pendant combien d'années n'ont-ils pas acheté par leur
non réussite, leur inexpérience, et les véritables pertes qu'ils ont faites, le droit d'être
les seuls à cultiver cette plante? Je plaide
donc non seulement pour le monopole du
tabac, mais encore pour le privilége d'en

3

planter, accordé à quelques parties de la France ; par exemple, celles qui l'ont déjà, et qui ont, je le répète, appris à leurs dépens à ne plus perdre sur cette culture.

BANQUIERS.

La science de la banque est la science de l'argent. C'est dans les viremens de parties de l'argent que consiste la science du banquier. C'est lui qui tient la monnaie ; ainsi, prenons garde de fâcher les banquiers.

Riches propriétaires ! entrepreneurs opulens ! gros rentiers ! voulez-vous faire une opération dont le résultat certain sera un accroissement de fortune, et une source de prospérité pour vos descendans ? Il vous faut de l'argent ; mais où le trouver ? Vos rentes sont belles ; vous êtes détenteurs de grands capitaux en terres, en marchandises invendues ; mais tout cela n'est pas de l'argent comptant. Où le prendre ? chez le banquier du coin.

Avec des sûretés, vous trouverez autant

d'écus qu'il vous en faudra. En voulez-vous encore? Il vous en donnera. En avez-vous trop? Il s'arrangera avec vous; vous serez servi enfin suivant vos désirs.

Ah! l'aimable homme qu'un banquier !

Sous ses heureuses mains le cuivre devient or.

Et si vous travaillez avec lui pendant dix ans, nous ne serons pas fort étonnés si vos terres, vos maisons, vos forêts, vos contrats ont été transformés, comme par enchantement, en espèces trébuchantes; et ces dernières, par mille canaux inconnus à nous profanes, retournent insensiblement dans les coffres du banquier.

ÉPIGRAPHES.

Point d'ouvrage périodique, point de brochure, point de pamphlet, point de roman sans épigraphe. L'ermite de la Chaussée d'Antin place à la tête de tous ses discours une épigraphe plus ou moins longue, qu'il sait toujours choisir appropriée au sujet, et que l'on aime à relire après avoir fini le chapitre.

Nos feuilles quotidiennes, nos autres ouvrages périodiques ont adopté chacun une
épigraphe qui nous montre d'avance l'esprit dans lequel on croit, ou on a prétendu
écrire l'ouvrage ou le journal. *Le Roi et la
Charte; Dieu et le Roi; vérité, impartialité;
charte; liberté, indépendance!* etc., etc....

Un de nos princes, dans un voyage où
il a su si bien se faire aimer des peuples avi-
des de le connaître, prononçait à chaque
instant ces mots si nécessaires aux Français:
Union et oubli du passé! Pourquoi un auteur ne prendrait-il pas cette épigraphe?
Serait-ce qu'il n'existe point d'écrivain qui
veuille sincèrement l'union et l'oubli du
passé parmi nous? Tous ceux que je lis jusqu'à ce moment, ont adopté plus ou moins
tel ou tel parti, avec plus ou moins de passion, et le défendent toujours avec plus ou
moins d'envie ostensible d'écraser ou d'humilier les autres.

Tel qui se proclame libéral par excellence,
qui s'apitoie à chaque instant sur le sort de
certains coupables; qui veut qu'on oublie

toutes leurs offenses, tous leurs torts envers le parti qui a triomphé ; celui-là ne prêche que la douceur, l'union, l'oubli ; mais tournez la feuille, vous le voyez s'emporter avec acharnement contre l'ancienne noblesse ; vous le voyez grouper ingénieusement tous les crimes des nobles, en remontant jusqu'aux premiers siècles barbares de notre histoire. Selon lui, tout ce qui a été fait de mal en France depuis Pharamond, ce sont les nobles qui l'ont fait. Il faut croire que s'il voulait faire le procès aux Rois, il ne trouverait que des Louis XI et des Charles IX à nous offrir en exemple.

Des Rois, des nobles, des prêtres depuis long-temps gouvernent les nations. Ils ont fait sans doute du mal ; ils étaient hommes. Gémissons sur cette triste vérité. Mais faudra-t-il exterminer le peuple, parce que le seul instant où il ait gouverné en France, a enfanté plus d'horreurs et d'atrocités que nous n'en voyons dans plusieurs siècles réunis de notre histoire ?

Déplorons les misères attachées à l'espèce humaine. Que des écrivains éclairés guident avec sagesse l'opinion publique, qui devient elle-même le guide du Gouvernement; et, sans chercher à attiser les haines contre tel parti ou tel ordre, que ces mêmes écrivains soient les premiers à donner l'exemple de la modération ; alors ils auront bien mérité de la patrie; mais jusque-là, nous ne verrons dans les écrivains soi-disant indépendans, et les écrivains ultra-royalistes, que des gladiateurs ou boxeurs politiques.

Je viens de lire quelques pages *brûlantes* d'un ouvrage qui a pour épigraphe : *Liberté, indépendance!* Je trouve que l'auteur a eu tort de ne pas y ajouter : *Égalité, fraternité ou la mort.*

TRAITE DES NÈGRES.

Les plus belles colonies des Anglais ne sont pas leurs colonies à esclaves. Depuis long-temps leur machiavélisme leur a fait calculer l'abolition possible de la traite des nègres. La suprématie qu'ils ont obtenue sur les mers leur faisait regarder cette disposition comme infaillible. Ils ont, par une prévoyance bien entendue, surpassé le nombre des naissances des esclaves dans leurs colonies, à celui des morts. Ce moyen était bien simple ; introduire autant et même plus de négresses que de nègres, devait par la suite obtenir ce résultat.

Le colon français, abandonné à lui-même pour ses acquisitions d'esclaves, désirant jouir de ses travaux, et voyant dans la traite une ressource inépuisable, n'a consulté que ses moyens pour parvenir à son but, celui d'avoir des bras capables des travaux les plus rudes; et certes sur cent esclaves, il en a toujours acquis au moins quatre-vingt de mâles; de là, la nécessité absolue de la traite pour alimenter nos habitations coloniales de forces nécessaires pour les exploiter.

Notre monarque éclairé avait si bien senti cette vérité, qu'au congrès de Vienne, il avait tenu fortement à obtenir cinq années pendant lesquelles on pourrait librement traiter des nègres. Dans ces cinq années, il nous était extrêmement facile d'approvisionner nos colonies d'un nombre surabon-

dant d'esclaves femelles. Nous l'avions obtenue cette clause précieuse; mais Buonaparte
arrivant, et voulant conserver le trône à tout
prix, a fait la bassesse, inutile pour lui, d'abolir
irrévocablement la traite des nègres. Il est assez facile de concevoir que les étrangers, devenus maîtres de la France par le droit impres-
criptible de conquête, se sont bien donné de
garde d'abandonner une aussi belle conces-
sion, qui d'ailleurs leur avait été faite *par le
peuple français*. Ainsi, le peu de colonies qui
nous restent, vont sans doute, avant un grand
nombre d'années, être totalement privées
de bras pour les faire valoir, à moins que le
commerce interlope des nègres ne vienne à
leur secours. Cette ressource est pénible et
humiliante (1).

Maintenant, pour répondre à messieurs
les philantropes anglais (qui ont raison,

____

(1) Au lieu d'acheter des esclaves, ne pourrait-on
pas s'en procurer aux côtes d'Afrique et de Madagascar, à titre de loyer? Le Gouvernement ferait
les avances et d'établissement et de transport, et
se trouverait remboursé par les sous-locations aux
colons.

puisque leur philantropie s'accorde avec leur politique) et Français (qui en ceci sont les plus ridicules, puisqu'ils sont dupes), nous nous bornerons à dire que ce commerce *d'hommes*, si horrible dans son principe, est humain dans ses conséquences. Voilà un paradoxe, dira un Parisien ; mais comme le véritable Parisien n'entend rien à ces sortes de discussions, qu'il nous permette de continuer comme s'il n'avait rien dit. Oui, ce commerce est humain dans ses conséquences. Des peuples brutes et féroces, abandonnés, pour se nourrir, aux tristes et cruelles ressources des anthropophages, ont eu connaissance que, pour certains objets très-précieux pour eux, on leur achetait leurs prisonniers. Ces peuples sauvages n'ont pas hésité un seul instant, et plusieurs marchés d'esclaves se sont établis sur le continent d'Afrique.

Ces esclaves, transportés dans nos colonies, n'ont véritablement perdu que la liberté (perte effrayante pour un peuple instruit et civilisé ; mais presque nulle pour le nègre brute) ; à tout autre égard il y gagne,

A la vérité il est forcé de travailler ; mais quel est l'être dans le monde qui ne travaille pas pour vivre ? Ah ! combien le bas peuple de nos villes, et même de nos campagnes, envierait le sort des esclaves de nos colonies, s'il pouvait le comparer au sien !

L'homme du peuple, misérable, qui n'a de ressources que dans ses bras, sait très-bien qu'une maladie va nécessairement le réduire à la mendicité ; perspective qui empoisonne tous les instans de sa vie. L'esclave est heureux à une seule condition, qu'on ne devra pas sans doute trouver difficile à remplir : s'il est bon sujet, s'il travaille, s'il ne vole pas, il est, au reste, assuré de son existence. Il peut se procurer mille douceurs par son industrie, indépendante de son maître, et ne tremble pas un seul instant pour l'existence à venir de ses enfans. La perspective est toujours riante pour l'esclave de nos colonies ; malheureusement il sait rarement l'apprécier, quoiqu'il soit à même de comparer à chaque instant sa manière de vivre actuelle avec celle qu'il avait dans son pays natal, où les habitans sans cesse en guerre les uns contre les autres, n'ont d'autre art que celui d'aller à la chasse de leurs semblables ; qui se nourrissent misérablement de quelques racines âcres, de millet, de chair ou de poisson pourris ; et qui logent dans de tristes tanières enfumées et puantes, comparables à celles des bêtes féroces (1).

Quant aux punitions infligées par les maîtres, à part quelques exemples rares de cruauté, ces punitions sont pour réprimer, la plupart du temps, des fautes, des crimes commis par cette espèce, naturellement encline au mal; fautes et crimes qui seraient certes punis bien plus sévèrement par la justice des nations européennes. Nos philosophes qui ont stimulé la révolution de Saint-Domingue par leurs extravagantes déclamations, étaient donc dans l'erreur la plus grande, s'ils étaient de bonne foi; et tous ceux qui affichent la même manière de penser, n'ont certainement jamais séjourné

---

(1) L'auteur a vérifié par lui-même, en Afrique, ce qu'il avance ici. Cette description n'est pas tout à fait celle que nous donnent quelques-uns de nos voyageurs romanciers.

dans nos colonies, et ne sont instruits sur cet objet, que par des relations mensongères ou au moins exagérées.

UN MOT AUX INDÉPENDANS.

Messieurs les écrivains indépendans, vous semblez ne vouloir point reconnaître que tout est borné ici bas. L'Océan a des bornes immuables, notre intelligence a des bornes que nous sommes forcés de reconnaître tous les jours. Nos forces physiques sont de même très-bornées ; la licence elle-même ne peut dépasser certaines bornes ; notre patience en vous lisant, souvent s'échappe, et nous montre alors qu'elle a des bornes ; Louis XVIII a été souvent obligé de mettre des bornes à sa clémence. L'auteur de l'univers a sans doute mis des bornes à son immense ouvrage. Nous sommes curieux de savoir, messieurs, si vous comptez mettre des bornes à vos prétentions ?

Vous vous plaignez de ne pouvoir assez parler ; cependant les presses gémissent sous

vos innombrables déclamations, dont la
France est inondée. Vous parlez en maîtres
à un Gouvernement doux et paternel. Eh !
que faisiez-vous donc il y a cinq ou six ans,
messieurs ? Il est assez plaisant que vous
soyez forcés de répondre : « Nous n'osions
pas souffler. »

VOYAGE SENTIMENTAL.

Est-il bien vrai que ce mot cruellement
ironique, ait été prononcé ? S'il en est ainsi,
plaignons ceux qui, couverts de chaînes do-
rées, sont condamnés à gouverner la France.
Ils veulent le bien, ils le font autant qu'il
est en eux. N'auraient-ils réussi jusqu'à
présent à ne faire que des ingrats ?

QUELQUES OBSERVATIONS SUR LA MARINE.

Beaucoup de personnes ont dit que la
France pouvait se passer d'une marine. On paraît croire que c'est l'avis du Gouvernement.

Cependant, le budget de ce ministère se monte encore aujourd'hui à quarante et quelques millions. Comment concilier cet emploi considérable de fonds avec l'opinion prétendue du Gouvernement? J'y trouve la preuve que l'on veut que la France soit toujours au rang des premières puissances maritimes de l'Europe. Car il serait difficile de justifier de l'emploi de ces quarante et quelques millions, sans mettre en avant le prétexte des approvisionnemens. Or, pourquoi les approvisionnemens, si l'on ne voulait une marine que pour la forme? Pourquoi ces primes d'encouragement accordées aux armateurs pour la pêche, si le Gouvernement se souciait peu d'avoir des marins? Pourquoi tant d'établissemens dispendieux et inutiles, et tant de frais pour la conservation de mauvais vaisseaux, si l'on était d'accord sur le principe que la France est essentiellement une puissance agricole et manufacturière? J'abandonne toute espèce de doute décourageant pour cette arme, et je viens me mettre parmi ceux qui espèrent voir le Gouvernement s'occuper sérieusement de la marine.

MINISTÈRE DE DECRÈS.

Jamais ministre n'a eu plus de moyens que lui pour former une marine en France. Succès inouïs de nos armées de terre, enthousiasme héroïque de toute la nation, tous les vœux réunis pour l'abaissement de l'Angleterre. Un personnel d'officiers nombreux, une mine féconde et inépuisable de matelots fournis par la conscription maritime, matelots qui étaient formés très-vîte, malgré l'ancien préjugé contraire. Enfin, un matériel suffisant et susceptible d'une augmentation indéfinie, avec les grands moyens pécuniaires du Gouvernement.

Avec tous ces élémens pour avoir une marine digne d'être opposée celle de l'Angleterre, que fait Decrès?

Des intrigues de cour, des considérations futiles, des caprices, des inimitiés même dirigent presque toujours ses choix de chefs indignes ou incapables pour le commandement d'expéditions importantes. C'est cependant du mérite des officiers commandans que dépend la réussite dans les opérations maritimes.

S'il avait vraiment eu à cœur le bien de la marine, il serait venu quelquefois dans nos ports (1). C'est là qu'il eût pu prendre des renseignemens exacts sur le mérite des officiers. La réputation d'un officier de marine n'est presque jamais long-temps usurpée.

Les créatures du ministre étaient ses vils flatteurs; il leur confiait des commandemens importans. Nos désastres maritimes se succédaient; aucun exemple sévère ne les a arrêtés (2): il se plaisait, il affectait même d'humilier, de persécuter, de chercher à perdre les bons officiers. Je n'en citerai qu'un seul entre mille : le brave capitaine de vaisseau, Second, est mort désespéré sous le coup des injustices du ministère!

---

(1) Quand un ministre a négligé Brest, le premier port du monde, comme l'a fait Decrès, il est inutile de lui tenir compte de son voyage d'apparat, à la suite de son maître, à Anvers.

(2) La Fond!.... mais il n'était plus temps. C'est encore un entre mille.

Le ministre se jouait, pour ainsi dire, de nos malheurs. La saine partie de la marine a cru long-temps, et beaucoup sont encore persuadés que Decrès était vendu à l'Angleterre. Cette idée répugne ; mais il agissait précisément comme si cette imputation eût été vraie.

Et nos colonies !.... qui les a abandonnées sans secours quelconques, ou n'en a envoyé que de dérisoires ? Que dis-je ? bien plus ! qui les a livrées volontairement aux Anglais ? Quel autre que Decrès a professé ce système destructeur de toute marine, ce système anti-colonial ?

On ne peut se le dissimuler, ce ministère est une des principales causes de l'abaissement de la France.

ÉCOLE DE MARINE A ANGOULÊME.

Quand je songe à cette École qui doit former des officiers de marine, il me semble voir un régiment forcé, par ordre supérieur, de manœuvrer avec précision et d'aplomb

4

sur le tillac d'un vaisseau ballotté par les flots
en pleine mer.

OFFICIERS COMMANDANS.

Je n'essaierai point de discuter les différens mérites de nos institutions anciennes
et modernes sur le mode de recrutement et
d'organisation des équipages. Quand un capitaine prend un commandement, peu lui
importe d'où lui viennent les hommes qui
doivent lui obéir, pourvu qu'ils soient jeunes
et bien portans. C'est à lui de les former
et de leur inspirer ce qu'on appelle un bon
esprit, c'est-à-dire une entière confiance en
lui. J'observe que, si pour arriver au rang
qu'il a obtenu de la cour, il n'a pas fait ses
preuves; si l'on se demande quel il est, et
comment il est parvenu, avec tous les talens
possibles, il aura beaucoup de peine à rendre
de bons services.

Il ne faut donner de commandement, en
temps de guerre sur-tout, qu'aux officiers
précédés d'une bonne réputation dans les
ports. Toutes les difficultés s'aplanissent

pour ceux-ci, tandis que l'indifférence, le mépris ou le ridicule attendent les autres.

Mais comment, d'un des cabinets du *garde-meuble*, peut-on connaître la réputation des officiers dans les ports ? Mettez à la tête du *personnel* un officier général de la marine, au lieu d'un commis.

PUISSANCE DE LA PLUME DANS LA MARINE.

Il n'y a point eu de conjuration formée par les gens de plume pour acquérir la suprématie dont ils sont en possession sur l'épée. La force des choses existantes a tout fait. Pourquoi faut-il que la marine soit le seul corps où les officiers militaires soient étrangers à son administration ? Tant que les officiers seront exclus de toute espèce de pouvoir dans les bureaux du ministère, la plume commandera à l'épée, la plume disposera de l'épée. Des officiers supérieurs, des généraux seront forcés de faire antichambre chez un commis, même à part l'article humiliant de l'adulation.

Désirons une amirauté. Que des amiraux retraités, des généraux d'artillerie de marine , des directeurs du génie maritime soient à la tête des différentes divisions du ministère. Alors chacun , dans cette arme intéressante , se trouvera naturellement à sa place. Des commis écriront , et des hommes recommandables par leur grade et surtout par leurs services, ordonneront.

Une autre cause de l'abaissement de l'épée et de la prépondérance de la plume sur elle, c'est, il faut l'avouer, que cette arme a si peu fait pour sa gloire, a fourni si peu, nous osons le dire, de sujets distingués, que presque pas un officier n'a vraiment acquis le droit, par ses hauts-faits, de rappeler fortement à un commis , toutes les fois que celui-ci s'est oublié, que la plume est faite pour l'épée, et non pas l'épée pour la plume.

CE SONT LES HOMMES, ET JAMAIS LES VAISSEAUX.

Je ne partage pas absolument l'opinion de M. de Boisgenette, qu'avec ses escadres et ses amiraux célèbres, la Hollande a perdu sa puissance maritime. Il eût été plus exact de dire : Avec les Opdam, les Tromp, les Evertzen, les Ruyter, la marine hollandaise s'est évanouie.

En effet, ce sont les hommes qui font les choses. C'est au Gouvernement de les chercher, sans se constituer en si grands frais pour construire et entretenir des machines qui, à la première déclaration de guerre, ne seront vraisemblablement pas en rapport avec celles qui leur seront opposées, et succomberont au premier choc, comme cela est déjà arrivé, et comme on devrait toujours le prévoir, puisqu'il est vrai que nous sommes loin de la perfection de l'œuvre, en fait de vaisseaux de guerre. Si vous voulez une marine, trouvez donc des Tromp, des Ruyter, etc. Il en est sans doute parmi les officiers qui composent le corps de la ma-

rine d'aujourd'hui. Ce corps ne fût peut-
être jamais mieux partagé sous le rapport
des talens et de la noble ambition, et des
pertes qu'ils font éprouver à l'Etat.

La somme considérable portée au budget pour l'entretien des forçats, est au
moins doublée par leurs dilapidations, leurs
vols continuels, et sur-tout les détériora-
tions qui en sont la suite (1). La plupart de
leurs gardiens et surveillans, avilis par le
métier qu'ils exercent, sont leurs recéleurs.
Leur ouvrage forcé, et conséquemment mal
fait, ne doit être compté que comme une
bien faible compensation de ce qu'ils coûtent; et il se trouve réduit encore par la dé-
viation habituelle de l'objet de leurs travaux, les forçats étant employés, une grande

_____

(1) En voici un exemple entre beaucoup d'autres.
Un vaisseau vient désarmer dans le port; il est livré
aux forçats, qui enlèvent les canaux de plomb con-
servateurs des ponts, les carreaux de glace, et la
partie supérieure du doublage en cuivre. Ce vaisseau ainsi dégarni, exposé aux injures du temps, ne
tarde pas à être entièrement pourri. On peut juger
des autres objets par celui-là.

partie du temps, à toute autre chose qu'à celles où les appelle leur destination.

Nous pensons qu'il serait facile au Gouvernement de traiter avec les naturels de Madagascar, pour obtenir la cession d'une partie de leur territoire. Cette colonie naissante coûterait très-peu de frais d'établissement; et nous n'aurions qu'à imiter celui de la baie Botanique.

Au reste, l'ouvrage affecté aux galériens serait désormais fait par des hommes libres, et la classe intéressante et malheureuse des ouvriers y trouverait un avantage qui, certes, tournerait au profit de l'État.

Je ne fais qu'indiquer ici le bien qui résulterait de la déportation de nos forçats à Madagascar. Je désire que le Gouvernement regarde cette opération comme utile et praticable.

———

CHIOURMES.

Pourquoi n'avons-nous pas eu, comme l'Angleterre, cette belle et morale idée de

bannir du sol de la patrie les criminels avilis
encore plus, s'il est possible, par le juge-
ment infamant qui pèse sur eux, et l'existence à laquelle ils sont condamnés, que
par leurs crimes mêmes? Il faut sans doute
s'étonner que nous ayions encore en France
ces bagnes de galériens, dégoûtante sentine
de tous les vices.

Ne considérons, pour le moment, ces établissemens que sous le rapport de la dépense
qu'ils occasionnent.

ÎLE DE BOURBON.

L'île de Bourbon a environ cinquante
lieues de tour. Des montagnes de quatorze
et quinze cents toises occupent son centre.
Leur pente irrégulière et hachée se termine
au bord de la mer. Un nombre considérable
de rivières, de torrens et de cascades sortent
dans toutes les directions de la cime de ces
montagnes, arrosent et fertilisent le pays.
L'île a été autrefois entièrement volcanisée.

Il existe encore un volcan considérable sur la montagne la plus sud de l'île. La lave qui découle en abondance presque continuellement de ses éruptions fréquentes, envahit environ un tiers de l'étendue de l'île.

Le climat de cette colonie est extrêmement sain. Les chaleurs sont tempérées par la proximité des montagnes, sur le sommet desquelles on aperçoit souvent de la neige, et où l'air est constamment froid. La brise qui en vient tous les soirs donne beaucoup de fraîcheur aux nuits.

Autour de l'île, et dans la partie praticable, on ne doit guère compter que deux lieues, à partir du bord de la mer, qui soient habitées et cultivées. Tout le reste du pays, jusqu'au sommet des montagnes, est couvert de bois d'une énorme dimension ; ce qui contribue encore à tempérer les fortes chaleurs par les pluies abondantes que ces forêts occasionnent.

Le sol de cette colonie est riche, fertile et abondant en toutes sortes de productions. Entr'autres produits précieux, le café, le girofle et le coton de Bourbon sont reconnus d'une qualité supérieure à ceux de tous les autres pays du monde. On y cultive encore avec succès le cacao. Le poivre et la canelle y sont négligés, et pourraient cependant devenir des branches intéressantes de culture. L'indigo y vient spontanément ; mais jusqu'à présent les essais pour la confection de cette teinture ayant donné de médiocres résultats, on a fini par l'abandonner presqu'entièrement.

Depuis quelques années, les ouragans, devenus plus fréquens, ayant détruit une grande partie des girofleries et des caféteries, les habitans, pour ainsi dire, découragés de ces dernières cultures, se sont adonnés à celle de la canne à sucre. Un grand nombre de sucreries ont été formées, et la plupart ont réussi. Cette plante, qui peut sans cesse se renouveler, et qui croît très-vîte, ne craint rien des ouragans, et assure à l'habitant le fruit de ses peines. Nous voyons avec plaisir cette culture se propager, et nous désirons que le Gouvernement lui donne des encouragemens.

Cette colonie, qui porte le nom de notre auguste famille, a de grands droits à l'attention particulière de Sa Majesté. En effet, à l'époque désastreuse des cent jours, c'est la seule colonie française qui soit restée fidèle à Louis XVIII, par ses propres moyens, et sans l'intervention d'aucune puissance étrangère.

A son arrivée en France, Buonaparte expédia un aviso à l'île de Bourbon, pour y faire arborer le pavillon tricolore. Le général Bouvet, qui commandait en cette île, fait à l'instant arrêter le capitaine et l'équipage de ce bâtiment, conserve l'étendard que lui a confié son Roi, et expédie son aide-de-camp à Gand, pour porter à Sa Majesté les nouvelles assurances de fidélité des habitans de l'île de Bourbon. Quelque temps après, plusieurs vaisseaux anglais portant des troupes de débarquement, viennent sommer le gouverneur de leur livrer la colonie, disant que l'Angleterre veut la prendre et la conserver sous sa protection. A l'instant, M. Bouvet met sur pied toutes les milices de l'île, les joint au régiment d'Angoulême

formant la garnison de Bourbon , harangue
les troupes, et répond aux Anglais qu'il se
défendra contre eux, s'ils osent l'attaquer.
Cette réponse vraiment française a été ap-
préciée par les Anglais, qui, à la vérité ,
sont restés en observation sur la côte, mais
n'ont tenté aucun débarquement.

Les troupes ont bivouaqué pendant quarante jours, au bout desquels on a appris
dans la colonie le retour de Louis XVIII en
France, et tout est rentré dans l'état ordi-
naire.

Les créoles de Bourbon sont grands,
bien faits, braves, spirituels, ont beaucoup
d'aptitude pour les arts d'agrément, sont
extraordinairement adroits à tous les exer-
cices du corps, et ont en général peu de
goût pour les sciences abstraites. Cette colonie a donné naissance au charmant poëte
Parny.

M. Joseph Hubert , correspondant de
l'ancienne Académie des Sciences, est créole
de Bourbon. Il existe encore, et jouit de la
vénération et de la reconnaissance des Bour-
bonnais. Digne émule de M. Poivre, bien-

faiteur de l'île de France, M. Hubert, par ses connaissances en histoire naturelle et en agriculture, a, par ses nombreuses expériences, perfectionné la culture des épices.

Il a réussi à naturaliser et multiplier dans la colonie le *muscadier*, riche et précieuse production trop négligée. C'est aux soins et aux sollicitudes de M. Hubert que Bourbon doit ses belles girofleries, et la culture du cacao, dont la qualité est très-estimée en France.

M. Hubert de Montfleuri, frère du précédent, vient, avec ses propres moyens, de bâtir un très-beau pont sur une rivière qui partageait en deux une des villes de la colonie. Ce monument patriotique est d'autant plus intéressant, que cet exemple d'employer ses richesses pour le bien public est extrêmement rare, sur-tout de nos jours.

M. Mezières de l'Épervanche, aussi créole de Bourbon, recommandable par ses connaissances et son caractère respectable, a considérablement étendu les découvertes en botanique, et pour ainsi dire complété la Flore de cette île. Cet homme intéressant vient, par une mort prématurée, d'être enlevé à la colonie et à ses amis. Il travaillait depuis quinze ans à un ouvrage sur la botanique, qui sera précieux pour les progrès de cette science.

L'île de Bourbon a aussi donné naissance à quelques officiers qui se sont fait un nom par leurs talens militaires et leur bravoure.

La population de cette colonie est d'environ quinze mille blancs et cent mille esclaves. Quant aux noirs et mulâtres libres, leur nombre augmente dans une proportion qui ne peut que nuire à la colonie. Leur démoralisation est un exemple sans cesse dangereux pour les esclaves, et même pour les blancs. Il faut donc, pour le bien général, que l'on tienne fortement aux conditions déjà établies pour donner la liberté à un esclave, et même qu'on les rende encore plus sévèrs.

Il serait aussi à désirer que les frais d'administration diminuassent au moins de moitié. Malgré les améliorations de tous genres qu'y a apportées l'administration de M. Richemont Desbassayns, la plume, ainsi qu'en France, absorbe toutes les ressources de cette colonie déjà obérée.

———

DERNIER CHAPITRE.

La Quotidienne. Malice, mauvaise foi, entêtement.

Journal du commerce. Gravité, lourde plaisanterie, modération affectée, sentences rebattues.

Journal général. Fade, sans couleur, singe du Journal du commerce.

La Minerve. Génie, force de pinceau, mauvaise foi, passion, partialité, prétentions exagérées pour quelques-uns, et voulant tout refuser aux autres.

Boisgenette. Sagesse, modération. Saurat-on profiter de ses bons avis?

Jubé à lord Stanhope. Style d'un vrai Français, digne, modéré, écrasant l'orateur anglais.

Royou. Quelques personnalités repréhensibles; de très-bonnes choses. Préconisation injuste du ministère de Decrès.

Le Vendéen, ou *l'Eplucheur politique*. Croquis faible et décharné.

Journaux. Spéculation de commerce; boutiques de paroles.

Banquiers. Joueurs.

Forêts. Spéculation des acquéreurs de créances.

Créanciers. Les uns gardent leurs titres, les autres les vendent, de plus fins qu'eux les achètent.

Marine. A venir; canaux intérieurs; approvisionnemens; amirauté.

Comédiens. Ils ne montent pas tous sur les planches; chacun joue son rôle ici-bas. *Vanitas vanitatum.....* J'admire l'affectation de quelques-uns de nos journaux, de donner des louanges sans mesure à quelques acteurs ou actrices; précisément à cause de l'opinion politique bien reconnue de ces histrions, que dis-je? de ces illustres artistes.

Librairie. Commerce d'esprit et de papier. Que d'ouvrages dignes de faire des cornets! Je pense que celui-ci en fera quelques-uns. Je ne sais pas si c'est une consolation de ressembler en cela à quelques sublimes auteurs de ma connaissance.

Armée d'occupation. Il faut une fin à tout.

France. Arène de gladiateurs depuis trente ans.

Girouettes. Têtes françaises.

Crédit. Il faut user de tout et n'abuser de rien.

Commerce. Voyez marine et colonies.

Indépendance. Grand mot qu'on devrait toujours faire suivre de ceux-ci : *De la nation*, afin que l'on puisse s'entendre.

Chambre des Députés. Ils parlent, ceux-là, et, qui plus est, ils disent.

Discours de lord Stanhope. Agression ridicule, et que nous méprisons.

Le Roi. La Patrie.

Révolutionnaires. Pêcheurs en eau trouble.

Buonapartistes. Il n'y en a plus en France.

Jacobins. Je ne dirai pas tout à fait la même chose.

Français. Ecoliers mutins, qui ont été long-temps fouettés et morigénés par un régent qui ne plaisantait pas. Ils ont été tour à tour égarés, furieux, sublimes ; espérons qu'ils deviendront raisonnables.

Commis. Ces messieurs portent l'épée, et nous tuent avec la plume.

Vive le Roi ! On respire après l'orage.

Ultrà. L'excès dans tout est un défaut.

Modérés. Epithète qui sert de masque à beaucoup d'immodérés.

Union et oubli du passé. Embrassons-nous ; *vade, et noli ampliùs peccare.*

Constitution. Lisez Charte.

Légitimité. Port des Français.

Démangeaison d'écrire. Elle est à l'ordre du jour.

Naufrage de la Méduse. C'est le pendant du voyage de *la Méduse* aux Indes orientales en 1788. (Nouvelle preuve du discernement des bureaux du ministère de la marine depuis trente ans.) Les Anglais seuls, à cette époque, firent ressortir la turpitude de cet évènement.

Gravure lythographiée du naufrage de la Méduse. Cette catastrophe sera transmise ainsi à la postérité avec ses circonstances les plus honteuses et les plus déplorables; et par qui ? par des Français!!!!

FIN.

OUVRAGES NOUVELLEMENT PUBLIÉS.

Réponse de M. le lieutenant-général CANUEL, à l'écrit intitulé : LYON en 1817 ; par le colonel Fabvier, ayant fait les fonctions de chef de l'état-major du lieutenant du Roi dans les 7e et 9e divisions militaires. Un vol in-8°, 1 f. 50 c. — *Franc de port* 2 f.

Réponse de M. le chevalier DESUTTES, prévôt du département du Rhône, à un écrit intitulé : *Lyon en* 1817, par le colonel Fabvier, etc., etc. ; in-8°, 1 f. *Franc de port*, 1 f. 25 c.

Un et un font un, ou M. Fabvier et M. Charrier-Sainneville. Par M. le comte de Montrichard, Chevalier de Saint-Louis, ci-devant Sous-Préfet à Villefranche (Rhône) ; 2e édition, 1 f. *Franc de port*, 1 f. 25 c.

La Vérité sur les évènemens de Lyon en 1817 ; réponse au Mémoire du colonel Fabvier. Par M. le comte de Fargues, maire de la ville de Lyon ; 1 vol. 8°, 3 f. *Franc de port*, 3 f. 75 c.

Mémoires sur la guerre de la Vendée en 1815, par M. le baron CANUEL, lieutenant-général des armées du Roi, chevalier de l'Ordre royal et militaire de Saint-Louis, chevalier de l'Ordre royal de la Légion d'honneur, etc. Un vol. in-8° sur papier superfin d'Angoulême, orné d'une carte coloriée du théâtre de la guerre, et d'un très-beau portrait, gravé au burin, du marquis de la Rochejaquelein, tué le 4 juin 1815 ; 7 f. 50 c. *Franc de port,* 9 f.

Marseille et Nismes justifiées, ou Réponse au libelle intitulé : *Marseille, Nismes et ses environs en* 1815. Par des témoins oculaires ; in-8°, 2 f. *Franc de port,* 2 f. 50 c.

Plaidoyer prononcé devant la Cour royale de Paris, Chambre des appels de police correctionnelle, le 24 juin 1818, par M. Roussialle, avocat ; pour M. de Blosseville, contre Wilfrid-Regnault, condamné à la peine de mort, par la Cour d'assises d'Evreux, 1 f. 50 c. *Franc de port,* 1 f. 75 c.

CORRESPONDANCE INÉDITE *et seule complète* de l'abbé Ferdinand GALIANI, conseiller du roi, pendant les années 1765 à 1783, avec Mme d'Épinay, le baron d'Holbach, le baron de Grimm, Diderot, et autres personnages célèbres de ce temps ; augmentée de plusieurs lettres à Monseigneur Sanseverino, archevêque de Palerme, à M. le marquis de Carraccioli, ambasadeur de Naples près la cour de France, à Voltaire, d'Alembert, Raynal, Marmontel, Thomas, le Batteux, Mme du Boccage ; précédée d'une notice historique sur l'abbé Galiani, par M. Mercier de Saint-Léger, bibliothécaire de Sainte-Geneviève ; à laquelle il a été ajouté diverses particularités inédites concernant la vie privée, les bons mots, le caractère original de l'auteur. Par M. C*** de St-M***** , membre de plusieurs Académies, 2 v. in-8, papier fin, 12 f. *Franc de port*

www.ingramcontent.com/pod-product-compliance
Lightning Source LLC
Chambersburg PA
CBHW070930280326
41934CB00009B/1809